知的障害者の
支援者のための意思決定支援
ワークブック

『現場　活　　　意思決定支援』

理解

公益財団法人 日本知的障害者福祉協会
知的障害者の意思決定支援と成年後見制度に関する委員会／編

目　　次

I

はじめに

Ⅰ　はじめに

『知的障害者の意思決定支援ガイドブック～現場で活かせる意思決定支援～』[1]（以下、ガイドブック）が2017年7月に刊行されました。この『ガイドブック』がさらに有効活用されることを目指して、このたび『知的障害者の支援者のための意思決定支援ワークブック～「現場で活かせる意思決定支援」のさらなる理解のために～』（以下、ワークブック）を刊行することとなりました。この「ワークブック」は、支援者がそれぞれの支援現場における意思決定支援の取り組みをさらに深めることにより、障害福祉サービスや相談支援事業等を利用する人たちの意思や選好が大切にされる支援が展開されることを目指しています。

2019年に相談支援従事者（サービス管理責任者・児童発達支援管理責任者）の初任者研修や現任研修標準カリキュラムが大きく見直され、2020年度から新カリキュラムに基づいた研修が始まります。初任者研修の新カリキュラムでは、獲得目標に、「人間の尊厳、基本的人権の尊重のための支援の意味と価値を理解する」ことが掲げられ、その内容として障害者が「必要な支援を受けながら自らの決定に基づき社会に参加する主体であることを理解する」ことが挙げられています。この新カリキュラムでは、障害者への生活支援の重要な視点として「意思決定支援」が取り上げられており、支援現場における意思決定支援の推進と充実はますます重要になっています。

障害者権利条約は、法の下の平等を定める第12条において、障害者の法的能力を行使するために必要な支援、すなわち意思決定支援（支援付き意思決定）を条約締結国に求めています。また、「障害者総合支援法施行後3年後の見直しについて～社会保障審議会障害者部会報告書～」（2015年）を基に整備された「意思決定支援ガイドライン」[2]（2017年厚生労働省）では、障害者の日常生活・社会生活における意思決定支援の必要性が明確にされました。

1. 『知的障害者の意思決定支援ガイドブック～現場で活かせる意思決定支援～』（日本知的障害者福祉協会2017）
http://www.aigo.or.jp/menu01/archives/001000other/post-2.html
2. 『障害福祉サービス等の提供に係る意思決定支援ガイドライン』（厚生労働省2017）
https://www.mhlw.go.jp/file/06-Seisakujouhou-12200000-Shakaiengokyokushougaihokenfukushibu/0000159854.pdf

法的能力の行使に関しては、従来の代理人による代行決定から支援付き意思決定へのパラダイム転換が強調されてきており、成年後見制度のあり方も大きな見直しを迫られています。2019年4月から採用されている「本人情報シート」[3]なども、意思決定支援に配慮されたものとなっています。

　知的障害等のある本人が保護の客体から権利の主体へと生き方の転換を目指す意思決定支援においては、本人中心のアプローチが基本となります。代行決定に見られるように、本人に決定する能力が無いものとして代理人が様々な決定をすることを改め、本人に意思決定能力があることを前提として支援を進めていくことは、これまでのあり方を大きく転換することになります。

　障害福祉サービスや相談支援事業等を利用する人たちの日常生活や社会生活を支援する上で、本人に意思決定能力があることを前提として支援を進めるにあたっては、わたしたち自身の「意思決定支援能力」の向上や支援環境の改善を図らねばなりません。

　このワークブックを使用し演習に取り組むときには、こうした視点の転換を大きく意識することが大切です。そして、従来には無かった多くの気づきを発見し、それらが日々の支援に活かされ実現されていくことを願っています。

公益財団法人　日本知的障害者福祉協会
知的障害者の意思決定支援と成年後見制度に関する委員会
委員長　　田口　道治

3.『本人情報シート』
https://www.mhlw.go.jp/content/000486025.pdf

Ⅱ

本書を活用するには

Ⅱ 本書を活用するには

1. 活用法

　本書は全体を5章で構成されています。

　第Ⅰ章では意思決定支援が必要とされる背景について述べています。

　演習にとりかかる前に、第Ⅱ章(本章)の3.意思決定支援の原則と考え方(P12-13)について確認して下さい。これらは『ガイドブック』の核心部分です。

　第Ⅲ章では演習の方法について説明しています。本書では演習の方法として、グループワークを取り上げました。支援現場において利用者の意思決定支援を進める上で、チームアプローチ4の重要性が指摘されています。このチームアプローチにはグループワークが有効です。1.では事例を使ったグループワーク、2.ではロールプレイを使ったグループワークを取り上げました。

　演習の方法はこの二つに限られることはなく、本書を手に取られた読者が一人で、あるいは仲間の支援者や相談支援専門員等と二人でも使用されることを期待しています。本書を使用する皆さまには、ここでの演習により、意思決定支援を現場で活かすためのウォーミングアップとして活用いただきたいと願っています。

　第Ⅳ章では具体的な事例を取り上げました。エピソード事例及びロールプレイのためのシナリオです。前者のエピソード事例は、『ガイドブック』の随所で紹介されている意思決定支援に必要な視点をさらに深く考えるために作られたものです。それぞれの事例に演習課題が設定されています。これらの演習課題を検討するときに、是非とも『ガイドブック』を活用して下さい。『ガイドブック』には意思決定支援を理解するうえで重要なキーワードが各章で取り上げられています。これらのキーワードが散りばめられた"考えるためのヒント"を参考にするとき、『ガイドブック』の活用が意思決定支援のさらなる理解に役立つことと考えています。

　さらに、各エピソード事例の演習課題に対する対応例を掲載しました。この対応例は正解というものではなく、あくまで考え方の一例を示したものです。

　演習課題の検討結果については、さまざまなものが予測されます。こうした対応例などを参考にすることで、新たに多くの気づきを得られることと考えています。

4.チームアプローチ
複数の支援者によるそれぞれの役割に応じた支援のこと。意思決定支援においては、一人の支援者よりも複数の支援者(チーム)によるアプローチが効果的であり、決定の透明性につながる。(　ガイドブック参照箇所　　147頁　意見書(4)①)

第Ⅴ章では、意思決定支援に取り組むうえでの基本原則や支援者の姿勢、施設・事業所で意思決定支援に取り組むための環境づくりなどに向けて、いくつかのチェック項目を取り上げました。セルフチェック（自己点検）用ですから、演習前や演習後、あるいは期間をおいて再度チェックしてみるなど、さまざまな用い方が考えられ、ご自身の理解や取り組みの深度を測ってみてください。

2.視点の転換と新たな気づき

　意思決定支援は知的障害者支援の根幹となるものです。本人の意思を第一とするのか、あるいは支援者の価値観を重視するのかといったことは、従来、深く問われることが少なかったように思われます。長く続いた措置制度の時代には、医学モデル[5]の考え方により、保護、指導、訓練が目的となっていましたので、パターナリズム[6]による支援者の価値観が前面に出ていたといえるでしょう。支援費制度（2003）後は、利用者がサービスを選択し、施設・事業者と対等な関係に立って、契約に基づいて利用者本位のサービス提供が期待されるようになりました。そして、意思決定支援の登場により本人中心のサービス提供のあり方が明確になりました。ここでは本人の意思や選好を大切にし、支援に反映していくことが求められるようになります。

　意思決定支援の現状と課題を把握するために社会福祉法人北九州市手をつなぐ育成会で実施された実態調査によれば、次のような課題が明らかにされています。

①説得的コミュニケーション[7]やパターナリズムによる対応が非常に多い

②職員の意識不足

③職員の知識・スキル不足

④障害特性に応じた対応の難しさ

⑤職員の対応の不統一

⑥職員の時間・余裕のなさ

⑦選択肢等の準備不足

⑧失敗できる環境設定が用意されていない

5.医学モデル
障害者が体験する生きづらさはその人個人の問題だとする考え方。
これに対し、社会モデルは障害者が体験する生きづらさは社会との関係の問題と考える。（　ガイドブック参照箇所　63-64頁）
6.パターナリズム
本人のために良かれと考えて（決めつけて）支援者が独断で行ってしまうこと。（　ガイドブック参照箇所　148頁）
7.説得的コミュニケーション
あらかじめ用意された結論に本人を導いていくように展開されるコミュニケーション。「時間がない」などの理由でその結論にならないと支援者が困ってしまうような状況で多用される傾向がある。（　ガイドブック参照箇所　100-102頁）

　同法人による2年間（平成24・25年度）の研究を踏まえ、今後の取り組みとして次の3点が重要と思われます。

　　1）日頃から支援に対する悩みや思っていることを共有できる機会の設定

　　2）日頃からの利用者の情報共有の推進

　　3）本人中心の個別支援計画¹⁸の作成

3. 意思決定支援の原則と考え方

　本書を活用して演習に取り組むにあたり、『ガイドブック』で説明されている意思決定支援の原則や考え方、支援者の姿勢などについて確認しておきましょう。

（1）原則

　知的障害のある人が、「自分のことは自分で決める」ことが大原則です。わたしたち支援者は、どうしたら、本人が自分のことを自分で決めることができるか、あらゆる支援を尽くさなければなりません。

権利としての意思決定支援
【支援付き意思決定】

自己決定権

自律の権利
〜自分のことは自分で決める権利〜

自分の人生を他人による支配・管理によることなく、人や社会の関わりの中で、様々に模索しながら、自らの決定に基づき、コントロールしていくこと

憲法13条　個人の尊重・幸福追求権・公共の福祉

8.個別支援計画
サービス管理責任者が作成する計画で、事業所で実施する具体的な支援内容が記される。本人の意思が適切に反映されていることが求められる。（　ガイドブック参照箇所　　74-88頁）

9.原則
（　ガイドブック参照箇所　　18-19頁　序章）

（2）意思決定支援の考え方

　意思決定支援の要素として意思形成支援[10]と意思表出支援[11]があります。『ガイドブック』では次のような考え方を定義しています。『意思決定支援とは、障害者本人の意思が形成されるために、理解できる形での情報提供と経験や体験の機会の提供による「意思形成支援」、及び言葉のみならず様々な形で表出される意思を汲み取る「意思表出支援」を前提に、生活のあらゆる場面で本人の意思が最大限に反映された選択を支援することにより、保護の客体から権利の主体へと生き方の転換を図るための支援である。』[12]

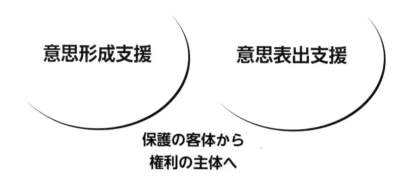

意思決定支援のイメージ　　意思決定支援

意思形成支援　　意思表出支援

保護の客体から
権利の主体へ

（3）支援者の姿勢

　意思決定支援においては支援者の姿勢が極めて重要です。

　何よりも、重度の知的障害があっても意思決定能力があることを原則として支援をする必要があります。したがって、本人が「わかる」ことを前提にして常に本人と相談することや、話しかけることを怠らないことが大切です。

　支援者は、「意思受信（チューナー）能力」を高め、「意思決定支援能力」を磨くように努めることが必要です。

　『ガイドブック』の表紙には、"「わたしたちのことを、わたしたち抜きに決めないで」[13]の実現に向けて"と記されています。本書が支援現場において活用されることにより、本人中心の支援がさらに充実することを願っています。

10.意思形成支援
11.意思表出支援
意思形成支援は、経験や体験を通して意思が作られる過程の支援。
意思表出支援は、形成された意思が、言葉やそれ以外の方法で表出できるようする支援。（　ガイドブック参照箇所　53-54頁）
12.意思決定支援の考え方
（　ガイドブック参照箇所　52頁）
13.「わたしたちのことを、わたしたち抜きに決めないで」（Nothing About Us Without Us）
障害者権利条約（2006）の制定過程において、審議の中で繰り返された障害当事者の声。（　ガイドブック参照箇所　12頁）

Ⅲ

意思決定支援のための
グループワークのすすめ方

Ⅲ 意思決定支援のための グループワークのすすめ方

　自らの意思を決定することに困難を抱える人（障害のある当事者等）の意思決定支援においては、「これが正解」という明確な答えがない中で、可能な限り本人の意思の確認に努力し続ける必要があります。このとき大切なのが、担当者一人で判断しないで支援を考えるチームアプローチの視点です。一人の目ではなく複数の支援者の目で議論をしながら、「本人の意思の確からしさ」を確認するプロセスの中で、新たな気づきを得ることができるでしょう。

1. 事例を使ったグループワーク

　チームアプローチを磨く方法の一つとして、グループワークは非常に有効です。まずは本書の「エピソード事例」を参考に取り組んでみて、慣れてきたら、ぜひ積極的に自分たちが支援している方をイメージして、グループワークに取り組んでみてください。

　グループワークを行う場面には、様々な職場の人が集まって多人数で行う場合や、自分たちの職場内で実際に関わっている事例を使って行う場合など、様々なシチュエーションが想定されます。本書では、研修を企画する人向けに、グループワークの進め方やファシリテーションの重要性などについて具体的に記載しています。研修の場面に応じて、使い方を工夫してみてください。

（1）役割分担

　グループワークは、一般的には事例報告者と他のメンバーとの意見交換により進行します。進行役としてファシリテーターを置きますが、本書の「エピソード事例」を使う場合には、事例報告者を置かないで実施するか、参加者の一人を事例報告者の役割として実施してもよいでしょう。

ファシリテーター（進行役）

●グループワークの進行役を担います。

●全体の時間管理や、ワーク中の参加者の様子を観察して調整します。

※（3）ファシリテーションのポイント参考

事例報告者（本書の「エピソード事例」を使う場合は置かなくてもよい）

●グループワークの題材となる事例を報告する役割を担います。

●他のメンバーと上下関係（指導関係）にならないように注意します。

●実際の事例を使用する場合は、個人情報への配慮が必要な場合があります。

他のメンバー（3〜4名程度）

●グループワークの参加者です。

●普段の立場などにとらわれず、自由な意見やアイデアを出すようにします。

（2）グループワークのすすめ方

①目的の確認

　本書の「エピソード事例」を活用する場合には「演習課題」と「考えるためのヒント」が用意されているため、すぐにグループワークが進められるようになっていますが、実際の事例やオリジナルのエピソードを用いてグループワークを実施する場合には、グループワークの目的を確認する必要があります。

　意思決定支援に関する初期段階のグループワークの目的は、「意思決定支援とは障害のある人の意思決定能力の問題ではなく、支援者など社会の側の真剣な姿勢や支援に関する発想の豊かさなどが重要」なのだと改めて確認することです。

　そのために、次のような視点で目的を確認するとよいでしょう。

<目的を確認する際のポイント>

（ア）意思決定支援の原則（P12「Ⅱ-3-（1）」・P63「チェックリストA」）や考え方（P13「Ⅱ-3-（2）」、P64「チェックリストE」）、さらには本人の意思決定を阻害する要因への対応（P63「チェックリストC」）などに留意するとよいでしょう。

　意思決定支援の具体的な方法について、様々なアイデアを考えましょう。

（イ）意思決定支援のために支援者はどんな姿勢（思い、心づもり）で業務に携わり、本人に向き合うべきかを考えましょう。（P63「チェックリストB」）。

　また、支援者だけでなく、施設・事業所の姿勢（P64「チェックリストD」）などについても話し合える機会を作りましょう。

（ウ）意思決定支援のために支援者が取り組めること（活動内容や創意工夫、アイデア）は何かを考えましょう。

②グループワークの手順と時間の目安

　事例をもとに意思決定支援のためのグループワークを行う際の注意点は、ケース会議や個別支援会議などのようにアセスメント内容や個人データに縛られてブレーンストーミングなどの自由な発想が阻害されないようにすることが重要なため、あらかじめファシリテーターがメンバーに注意喚起し、次の手順で進行するとよいでしょう。

　以下は、各グループ5名(ファシリテーター1名、他メンバー4名)、4グループでのグループワークを想定しています。

時間	手順	内容とポイント
約3分	ポイント説明 (ファシリテーター)	・グループワークの流れとポイントを説明します
約5分	アイスブレイク (参加メンバーによる自己紹介など)	・メンバー1人1分以内で自己紹介し、和やかな雰囲気にするアイスブレークを行います。 <アイスブレイクの例> 所属、氏名のあとに「実は私、……なんです。」を話してもらいます。 「……」は最近の出来事、趣味、カミングアウト、話題のニュースの感想、なんでもよいですが、明るく緊張をときほぐすことが基本であることを伝えてください。 この時の注意点は、しっかりと時間を計り、途中でも次の人に回してください
約5分〜7分	個人ワーク	・課題設定の視点<目的を確認する際のポイント>(ア)(イ)の課題について、個人ワークを行います。 ・2色の付箋を用意し、一方に(ア)を2つ以上、他方に(イ)を2つ以上の一人あたり合計4枚以上を作成します。 ※本書のエピソード事例を使って演習する場合は、既に設定されている演習課題について、「考えるためのヒント」を参考に掘り下げます。
約15分	個人プレゼンテーション	・グループ内で個人プレゼンテーションを行います(各自3分程度)。 　このときの注意点は、しっかりと時間を計ることと、ブレーンストーミングを徹底して、様々な考えを歓迎しアイデアを多く出すことが大事です。また、アイデアを結合し発展させることや、逆にそれらを阻害する要素となる判断や結論を急がないことも重要です。

約30分	グループワーク	・模造紙などに（ア）（イ）を整理しながら貼りつけて、（ウ）を書き出すグループワークを行います（30分程度）。 　このときの注意点は、意見が割れたりまとまらなかったりしたときにも最終的にグループとしてまとめることや、時間配分に注意することともに、事例にとらわれない自由な発想で意見を述べてもらうことが重要です。
約12分	発表	・各グループから発表してもらいます（1グループ3分程度）。 ・模造紙の書き方や発表の仕方など、グループとして盛り上げる工夫をしてください。また、他のグループであっても共感する際には拍手喝采を送るなど全グループで盛り上がりましょう。
	（振り返り）	・時間があるようなら、他グループの発表から得たことを踏まえて「振り返り」を行うと効果的です。

（3）ファシリテーションのポイント

　事例報告者と他のメンバーとの関係が上下関係（指導関係）ではなく水平関係になることが大切なため、ファシリテーターの進め方が重要になります。

＜ファシリテーションのポイント＞

●グループワークで出てきたアイデアはどんなものでも否定せず、障害特性に偏りがちな医学モデルやネガティブな視点になりがちな時は、ファシリテーターが社会環境とのかかわりを重視する社会モデルやストレングスの視点に戻しながら進行しましょう。

●ブレーンストーミングによりアイデアを徹底的に出し合うことや、創造的なアイデアを歓迎するようなファシリテーターの進め方が重要です。その中から効果的なアイデアを選んで、実際の支援に活かすことになります。

●出された多様なアイデア、解釈、意見に対しての参加者からの応答を得ながら、最終的にはファシリテーターがまとめていく意識をもって進めましょう。

14.ブレーンストーミング
できるだけたくさんのアイデアを出すために、みんなで自由に意見を出し合う手法。批判をしない、自由奔放、質より量、他の人の意見に上乗せOKなど、多くのアイデアを引き出すためのいくつかのルールがある。

15.アイスブレイク
会議や研修参加者の緊張をときほぐすための手法。簡単なゲームや軽い運動等で話やすい雰囲気をつくり、積極的な参加を引き出す。

2.ロールプレイを使ったグループワーク

　ロールプレイとは、現実に起こる場面を想定して複数の人がそれぞれの役を演じ、疑似体験を通じて、ある事柄が実際に起きた際、適切に対応できるようにする学習方法の一つです。意思決定支援に関しても実際の場面を想定したロールプレイによる学習はとても重要となります。

　日々何気なく行使されるパターナリズムや支援の迷い（ジレンマ）、支援者個々の価値観や考え方の相違による齟齬（そご）、説得的コミュニケーション・リスクコミュニケーションによる関わり、このような日常的に起こりうる場面に対して適切な支援を行い、関係者とスムーズな合意形成を図るためには、事前にそれぞれの立場や考えを知っておくこと、自分自身の考えを整理しておくことは非常に大切です。

　例えば、

- 保守的な管理者、医学モデルに偏った支援者
- パターナリズムとなりがちな支援者、家族等
- 意思決定支援の重要性をフォーマル、インフォーマルの視点から理解している支援者

等々

　現代福祉において様々な立場の関係者、多職種の方々との連携（ケアマネジメント）は欠かせません。意思決定支援の際も同様です。ロールプレイによる学習で実際の場面で活かせるスキルを身につけましょう。

（1）ロールプレイの種類

　ロールプレイの種類は幾つかありますが、ここでは2つのロールプレイを紹介します。

①モデルロールプレイ

　呼び方は幾つかありますが、このロールプレイは代表者が演者となって、参加者の前でロールプレイを行い、参加者はそれを俯瞰的（ふかんてき）に観察することで、参加者全員が同じスタンスで気づきや課題を発見し、それらを考察するロールプレイです。

　ある程度の結論や終結を設定したシナリオのロールプレイを俯瞰的に観察することで、論拠に基づく客観性のある考察ができます。

②実践ロールプレイ

　こちらも呼び方は幾つかありますが、このロールプレイは参加者全員がそれぞれの役（演者）となって参加するロールプレイです。少数またはグループで行います。

　参加者が主体的にロールプレイに参加し疑似体験ができるので、実際の支援場面を想定したスキルアップが期待できます。

（2）ロールプレイの組み立て

　ロールプレイの組み立ての例として、ある程度の結論や終結を設定し、そこに収束していくようにシナリオを用意する方法があります。これはロールプレイの中で一定の条件（演技やセリフ等）が発動されることでロールプレイの収束の意識、動機付けが働くというものです。

　この方法は理想的な結論の方向性を設定しておくため、参加者は論拠に基づく結論を得られることにより、成功体験や達成感を持つことができます。シナリオの中には、敢えて厳しい状況（意見の食い違いや関係性の悪化等）を作り出す役割やセリフを用意し、その状況を疑似体験できる場面を設定してもよいでしょう。

　もう一つの例として、場面設定や役割、それらの背景はしっかりと準備しますが、結論や終結の流れは設定せず、参加者に組み立ては預ける（任せる）というものがあります。参加者全員が納得できるような終結とはならない可能性は高いですが、より現実に近い想定でのロールプレイとなるので、振り返りをしっかりと行うことで実際の場面での適切な支援やスムーズな合意形成を図ることができます。

（3）ロールプレイを行う際のフロー（手順）とポイント

　以下のフロー（手順）の例は、先述した2種類のロールプレイどちらも使用可能であり、後述するロールプレイの事例、シナリオにも使用できます。

手順	内容とポイント
①グループ分け	・役割の数に応じた人数でグループを作ります。
②場面の理解	・演習リーダーが前提となる場面（プロローグ）の説明を行い、全体で場面の理解を深めます。 ★演習リーダーによる説明でロールプレイは進行します。各グループにファシリテーターを置いてもよいでしょう。
③役割決め	・役割を決めます。 ★司会を立てても良いですし、席順で割り振ってもよいでしょう。
④演出	・演習リーダーが、役割に応じた演出を役割ごとに説明します（この時、他の参加者にわからないようにしてもよいでしょう）。 ★参加者は、演じる前に、事前に用意された当事者の障害特性、成育歴、既往歴等、その中で起きる意思決定の場面や登場人物の背景等々の環境説明等を、演習リーダーの説明に合わせてしっかりと読み込みます。
⑤時間設定	・ロールプレイの時間設定をします。開始時間と終了時間をしっかりと確認します。

⑥ロールプレイ	・演習リーダーの指示に基づき、ロールプレイを行います。 ★参加者の姿勢として大切なことは、その役に成り切るということです。本気で演じることで実際場面での対応もより良いものとなるでしょう。
⑦振り返り	・ロールプレイが終了したら、ロールプレイの振り返り（司会者、記録、発表者を演習リーダー、ファシリテーターが設定）をグループで行います。 ・事前に用意された「振り返りシート」に記入します。 <「振り返りシート」の例> ・各演者の感想や困ったこと ・意思決定支援はできたか否か ・実際の場面を想定した課題と、その解決法等 ★まずは個別ワーク、その後グループワークという流れでもよいでしょう。
⑧発表・共有	・グループごとに発表を行い、多様な考えを参加者全体で共有します。

IV

やってみよう!意思決定
支援グループワーク!

Ⅳ やってみよう！意思決定支援グループワーク！

　エピソード事例やロールプレイの事例を用いて、実際にグループワークを実践してみましょう。

　掲載事例を使ってのグループワークに慣れてきたら、実際の事例やオリジナルのシナリオなどを用いて実践してみましょう。

1. エピソード事例と対応例

　掲載しているエピソード事例には、「考えるヒント」や「対応例」を掲載していますので、グループワークに行き詰まったら参考にしましょう。

　「対応例」は考え方の一例であり、「正解」というわけではありません。

　グループワークの中でいろいろな意見を出し合いながら、意思決定支援の手がかりを探ってください。

（1）エピソード事例

　Aさんは25歳の男性です。保健所の3歳児健診でことばの遅れの可能性を指摘されました。その後、さまざまな医療機関や相談機関にいきますが、きちんとした助言もなく不安を増幅しました。5歳の時に母親の知人の紹介でZ大学の小児精神科で自閉的精神遅滞（知的障害、重度）の診断を受け、以来、ずっと大学病院の小児精神科にかかっています。小学校は普通学校の特別支援学級、その後、特別支援学校中等部、高等部に通いました。卒業後は、現在の生活介護事業所に通っています。

　Aさんの特別支援学校時代は、放課後、外出徘徊、放浪がひどく、しばしば警察に保護されることがありました。特に、鉄道駅スタンプにこだわり、休みになると、家の中でじっと過ごすことはなく、電車に乗って遠くにいきます。Aさんの母親は、休日は心身ともに疲れるので困っています。生活介護事業所のレクリエーション活動でも集団外出の際に一人で駅スタンプのある駅に行こうとします。

演習課題　みんなで外出する活動の時に、Aさんが鉄道会社の駅スタンプ帳をもって行きたがっています。Aさんの通っている生活介護事業所職員のあなたはどう対応しますか。

【考えるためのヒント】

- 知的障害のある人の意思決定支援には、支援者である職員が単独で決めることによる課題がたくさんあります。複数の支援者が関わることによって支援の偏りを防ぐことができます。（ガイドブック参照箇所 90-91頁　日常生活における意思決定支援）

- 支援の現場では、さまざまな事情によって、支援に制限が生じることがあります。特に、「安全性」と「リスク管理」に関わるジレンマが多くみられます。ここまでは、本人の意思の尊重ができるというラインを支援者と利用者、あるいは、支援者同士で共有しておくことが大事です。（ガイドブック参照箇所 99-107頁　意思決定支援におけるジレンマ）

 このことをふまえて、この事例では以下のことを中心に考えてみてください。

➡ <ジレンマの問題に気づく>
「説得的コミュニケーション」、「リスクコミュニケーション」に陥りやすいことに気づく。職場内のチームアプローチを重視する。原点は、本人の意思を中心に考え、できる限り実現の可能性を考えていく。

● 個人ワーク

　※考えるためのヒントをもとに、掘り下げてみましょう。

● グループワーク

　※模造紙やホワイトボード、付箋などを使って意見を出し合いましょう

● 振り返り

　※グループワークを終えて気づいたことを書き出しましょう

　M子さん（30歳女性）は重度の知的障害があり、言葉はなく、食事や排泄等日常生活の全てにおいて支援が必要です。平日は生活介護事業所に通所しており、障害支援区分6です。生活介護事業所では自分から行動することは少なく、何かをするときや移動時には常に支援職員の手を必要としています。支援職員からの言葉がけやさまざまな働きかけに対して、嫌な表情をすることも少なく、M子さんが何を好んでいるのか、何をしたいのか、なかなか分かりません。

　ある日、Y職員は、M子さんが玄関のドアの近くに立っていることが多いことに気がつきました。「散歩に行きたいのね。」とY職員は考え、それ以来M子さんと手を繋いで毎日のように散歩に出かけるようになりました。しばらくしたある時、Y職員は、「M子さんは本当に散歩に行きたかったのかな？」と疑問に思い、M子さんが玄関に移動したときに、すぐに散歩に出かけるのではなく様子を見ることにしました。一人では外に出かけることが難しいM子さんでしたが、身体全体を使って一生懸命外に出ようとしています。

演習課題　M子さんの思いが作られていくための働きかけをどのようにしたらよいか考えてみましょう。また、そのような思いを表情や態度、行動につながるようにするにはどのように支援したらよいでしょうか。

【考えるためのヒント】

- どんなに重い障害のある人にも「意思がある」「意思決定能力がある」ことを原則とします。意思決定の主体は本人であり、支援者ではないことを自覚することがスタートです。本人の思い、好みなどが分からないからといって、支援者が何でも決めてしまうのではなく、粘り強く待ち、気づく努力が必要です。（　ガイドブック参照箇所　47頁　意思決定の主体）

- 本人の思いや好みが何かを知るための働きかけや方法などをチームで話し合ってみることが必要です。意思形成支援で必要な留意事項などを踏まえて考えましょう。留意点として、支援者や活動環境、経験や体験の機会、情報の内容や提供の仕方など様々なことが考えられます。（　ガイドブック参照箇所　53-54頁　意思形成支援）

- 情報提供や体験などを通し、意思形成支援の具体的な取り組みを工夫し、実践できるアイデアを出してみましょう。意思決定の力は一人ひとり異なり、個人差があります。その人に合った取り組みを工夫しましょう。（　ガイドブック参照箇所　108-117頁　情報提供と体験）

●個人ワーク

※考えるためのヒントをもとに、掘り下げてみましょう。

●グループワーク

※模造紙やホワイトボード、付箋などを使って意見を出し合いましょう

●振り返り

※グループワークを終えて気づいたことを書き出しましょう

③重複障害があり生活介護事業所を利用するDさん （ストレングス、支援者の受信力）

　Dさんは19歳の女性です。障害支援区分は6、重度の知的障害（療育手帳Ａ1判定）と脳性マヒによる身体障害（1級）の重複障害があり、普段の生活では車いすを使用しています。ADL（基本的生活動作）は全支援、食事は刻み食で、排泄はオムツを使用しています。特別支援学校卒業後から現在は、母の送迎で自宅からY生活介護事業所に通所しています。Y事業所では、支援者とともに、割りばしの袋詰めや、音楽・余暇の活動に参加しています。

　発語は殆どないですが、楽しい時や嬉しい時は、「う～」と嬉しそうな声を上げ、笑顔が見られます。嫌なことには、「何となく悲しい」表情をする傾向があります。その他、意思疎通で確認できない場合は、送迎に来ている母親にその都度出来事を伝え、内容を確認しています。

　自宅では両親と4歳年上の兄と4人で暮らしています。両親と兄はDさんをとても可愛がっています。小学一年生の頃から、年に一回、家族で交通機関を使って泊まりの旅行に出掛けています。

　今回、Y事業所で、5か所の場所から選択してもらえる「日帰り旅行の企画」が組まれました。

演習課題 ▶ あなたがY事業所の職員なら、Dさんに日帰り旅行の行き先を選んで決めてもらうために、どのような支援を行いますか。

【考えるためのヒント】

- 障害が重く、言葉での意思疎通が困難と感じる人ほど、支援者が利用者の持っている本来の可能性や力（ストレングス）を見つけることで支援の幅が広がります。利用者の可能性（力）は、利用者の意思を見出すための核となります。
  （ガイドブック参照箇所　79-83頁　ストレングスの視点）

- 意思決定支援にあたって「障害の重い人の意思はあるのか？確認するのは難しい」との声をよく聞きますが、言葉がなくとも、表情や目の動き、しぐさ等の利用者から発せられる様々な情報を支援者側がキャッチし、アセスメントを丁寧に行い、支援者の「気づく力・発見する力」を高めることが大切です。また、利用者に合った、分かりやすい情報提供のツール等を用意することなども有効です。
  （ガイドブック参照箇所　94-96頁　問われるのは支援者の受信（チューナー）能力）
  （ガイドブック参照箇所　109-117頁　重症心身障害者への意思決定支援の取り組み）

- 支援者一人の見方では「利用者像を決めつけてしまう」「一方的な思い込み」「気づかなかったこと」等が多々あります。意思疎通や自己決定が困難な利用者と関わる際には、複数の支援者が「本人の思い」を推測し、支援者間で共有する「チームアプローチ」による支援の実践が重要です。（ガイドブック参照箇所　84-88頁　チーム支援の視点から）

●個人ワーク

※考えるためのヒントをもとに、掘り下げてみましょう。

●グループワーク

※模造紙やホワイトボード、付箋などを使って意見を出し合いましょう

●振り返り

※グループワークを終えて気づいたことを書き出しましょう

　就労継続支援B型事業所を利用するSさん。事業所はうどん屋を営業しており、Sさんは、週3日はうどん屋の接客の仕事を、週2日は施設外就労で野菜の袋詰め作業をしています。

　Sさんの担当職員Bは、うどん屋で働いているSさんの様子を見て「元気がないなあ」と感じていました。接客の仕事では失敗が目立ちますが、施設外就労の仕事ははかどっているようです。B職員はSさんは人前に出ることがそれほど好きではないのではないかと感じており、Sさんとの会話の中でもそのような言葉がありました。そこでB職員はCサービス管理責任者にこのことを報告し、個別支援計画を見直した方が良いと提案しました。Cサービス管理責任者は個別支援会議を招集し、他の職員の意見を聞いた上で、うどん屋の仕事を減らして施設外就労の仕事を増やす内容で個別支援計画の見直し案を作成しました。

　Cサービス管理責任者とB職員はSさんの様子を母親に説明し、見直し案を提示しました。しかし、母親はSさんがうどん屋で働けるようになったことがとても嬉しく、できれば今のまま継続してほしいと言います。B職員は、Sさんに"本音"を聞こうとしましたが、本人は嫌だとは明言しません。Sさんは母親のことが大好きで、母親の希望がわかっているので否定はできなかったのだろうと推察されました。最終的にCサービス管理責任者は、現行の個別支援計画を継続することにしました。

演習課題 ▶ Sさんが楽しく働いて充実した毎日を送るためには、どのように支援したら良いでしょうか。

【考えるためのヒント】

● 意思決定支援には「意思形成支援」と「意思表出支援」があります。意思を形成していくためには、情報提供だけでなく体験を積み重ねることが必要です。意思を表出するには、支援者の気づきや表出への具体的な支援が重要です。（ガイドブック参照箇所　52-56頁　意見書で示されている意思決定支援とは）

● 個別支援計画の作成・修正のプロセスの中で、意思決定支援を意識することはとても重要です。普段の活動に様々な体験を通した意思形成支援を取り入れ、リフレーミングやストレングスの視点で本人にとってわかりやすい支援計画を作成します。（ガイドブック参照箇所　74-88頁　個別支援計画）

● 個人ワーク

※考えるためのヒントをもとに、掘り下げてみましょう。

● グループワーク

※模造紙やホワイトボード、付箋などを使って意見を出し合いましょう

● 振り返り

※グループワークを終えて気づいたことを書き出しましょう

⑤障害者支援施設での外出場面（遊園地）にて
（支援者の姿勢、ジレンマ）

　障害者支援施設の利用者5人と遊園地に遊びに行きました。事前に遊園地で何に乗りたいかなどの希望を聞いて乗り物を選定しており、利用者は皆とても楽しみにしています。

　A支援者は、利用者が希望したある乗り物（地上2.5メートルほどの高さをゆっくり走る高架の電車）の乗り場で、遊園地の担当者に5人が障害者であることを伝え、乗り込む際の配慮を申し出ました。遊園地の担当者はA支援者に「この乗り物がもしも途中で止まってしまったときは、レールの上を自力で歩いて避難してもらわなければなりません。」と告げました。

　A支援者は利用者に尋ねること無く、他の支援者の意見も聞かずに、危険は無いだろうと判断し、「乗ります。」とこたえ、利用者5人と他の支援者3人とで乗り物に乗り、楽しみました。

　乗り物は無事に終点に着きました。A支援者は、普通に、利用者の希望を叶えながら、楽しい旅行をリードしたと考えているようです。

演習課題	「意思決定支援」を念頭に、あなたがA支援者ならどう対応しますか。

【考えるためのヒント】

- 意思形成支援は、障害者本人に「相談する」ことから始まります。どんなに重い知的障害があっても、相談されれば必ず返す力があると信じることが大切です。（ガイドブック参照箇所　92-98頁　意思決定支援と支援者の姿勢）

- 支援者には十分な時間と丁寧に対応できる状況が常にあるとは限りません。支援の現場ではさまざまな事情によって支援に制限が生じることがあります。（ガイドブック参照箇所　99-107頁　意思決定支援におけるジレンマ（リスク管理と安全性））

- 障害のある方の意思決定は、決定内容の難易度と本人の能力を正しく判断し、不足分を支援で補うことが基本ですが、判断を誤ると「先回り支援」や「後追い支援」につながる場合があります。利用者と支援者の関係性を深め、両者で意思決定に向けた合意を形成していく実践過程を意識しましょう。（ガイドブック参照箇所　138-139頁　意思決定支援の方法）

このことをふまえて、この事例では以下のことを中心に考えてみてください。

⇨　<必要となる支援者の姿勢に気づく・ジレンマやパターナリズムの問題に気づく>
　チームアプローチを重視する。支援付き意思決定であり、利用者と支援者が合意を形成していく過程を大切にして考える。

● 個人ワーク

※考えるためのヒントをもとに、掘り下げてみましょう。

● グループワーク

※模造紙やホワイトボード、付箋などを使って意見を出し合いましょう

● 振り返り

※グループワークを終えて気づいたことを書き出しましょう

Ⅰ はじめに

Ⅱ 本書を活用するには

Ⅲ 意思決定支援のためのグ
ループワークのすすめ方

Ⅳ やってみよう！意思決定
支援グループワーク！

Ⅴ 意思決定支援に関する
セルフチェックリスト

⑥入所施設からグループホームへの移行を考えるEさん
（アセスメント、支援者の姿勢）

　Eさんは40代男性、知的障害と自閉スペクトラム症があり、障害者支援施設に入所して10年が経過しています。当初は施設の生活に馴染めず外に出てしまったり、行動停止なども多くありましたが、最近では施設内の行動パターンが確立したことや、内服薬の調整と環境的な配慮もあって、笑顔の多い生活ができるようになっています。しかし騒がしい環境は相変わらず苦手で、食堂に入ることができなかったり、私物を触られたり行動が妨げられたりすると、激しい自傷行為等が確認されます。法人内のグループホームに体験入居をしたこともありましたが、外に出てしまうことが頻繁に確認されたため、数日で障害者支援施設に戻っています。

　相談支援専門員は、モニタリングのたびに昔の楽しいエピソードをEさんの母親から聞いています。現在のEさんからは想像できない様々な社会経験を聞き驚くとともに、このままの生活で良いのか葛藤してきましたが、具体的な計画に結びつかず3年が経過してしまいました。

　そんな中、障害者支援施設と同じ法人で新たなグループホームを立ち上げることとなりました。新たなグループホームは夜間の支援体制も想定して準備が進められています。相談員は"ぜひEさんもそのメンバーに"と考え母親に意見を求めましたが、以前の体験利用の結果が影響し、強く反対されてしまいました。Eさん自身からもはっきりとした意思を汲み取ることができません。

> **演習課題**　本人と家族の意思決定支援をどのように進めて行くべきでしょうか。

【考えるためのヒント】

- 新しいグループホームは以前体験したグループホームとは違う環境となります。本人の特性に配慮した丁寧な情報提供や、計画的な体験等の意思形成支援が重要となるとともに、母親に対する意思形成支援も重要となることに気づくことが大切です。（ ガイドブック参照箇所　52-56頁　知的障害者の「意思決定支援」の特徴）
- 言葉で思いを伝える事が難しい人の意思決定支援では、意思の選好を推定するために様々なアセスメント（興味・関心・強み）が重要であることに気づくことが大切です。（ ガイドブック参照箇所　77-83頁　アセスメントの重要性）
- 様々な行動で思いを表出していることに気づき、その行動を適切に言語化していくプロセスを大切にしましょう。（ ガイドブック参照箇所　93-94頁　意思表出支援〜表出行動の適切な言語化〜）

 このことをふまえて、この事例では以下のことを中心に考えてみてください。

⇒　改めて本人、母親に対する丁寧な意思形成支援が必要なことに気づく。経験的な意思決定支援が重要なことに気づく。意思の選好の推定のためには、多角的なアセスメントが重要であると考える。

● 個人ワーク
　※考えるためのヒントをもとに、掘り下げてみましょう。

● グループワーク
　※模造紙やホワイトボード、付箋などを使って意見を出し合いましょう

● 振り返り
　※グループワークを終えて気づいたことを書き出しましょう

　障害者支援施設で生活しているHさん（50歳男性）には、重度知的障害、自閉症、てんかんがあります。発語は無く、発声もほとんどありませんが、笑顔や怒った顔、しかめ面などの表情や不眠や多動、排泄の失敗といった日常と異なる行動や、○×カードや様々な写真カードの選択等で気持ちのやり取りができ、その時の感情を推察することができます。

　以前は、多くの抗精神病薬を服用しても睡眠を確保することが困難で一晩中棟内を歩き続けたり、度々の弄便で一日に何回もシャワーを浴びなければならなかったりしたHさんですが、おやつや外食の選択、行事や帰省・面会時での過ごし方の選択、写真カードを使ったスケジュールの活用など、視覚的な情報提供により、今では多くの時間を穏やかな気持ちで過ごすことができるようになっています。

　話すことができないHさんは、気持ちが正しく伝わらないときや大切な相談が遅れているときは、パタパタと棟内を歩き続けたり、夜間になかなか入眠しないことで、心の不快を支援員に伝えようとします。安心を手に入れれば、食堂の椅子や居室のベッドでのんびりと過ごすことが増えます。

　Hさんは家族との面会日を2週間後に控えて何やら不穏な様子です。廊下をパタパタ歩き、気持ちが落ち着かないようです。次の面会日に、家族と一緒にHさんのお誕生日会を実施する予定で、その計画はすでにカレンダーに写真を貼って掲示されています。しかし、確認すると、お誕生日会の詳細の相談はまだのようです。

演習課題 ▶ 支援員はどのようにHさんの相談（意思決定支援）を組み立てていけば良いのでしょうか。

【考えるためのヒント】
- Hさんのお誕生日会の詳細の相談をするためには、本人の障害特性に配慮した意思形成支援と意思表出支援が重要であることに気づくことが必要です。（ガイドブック参照箇所 108-117頁　情報提供と体験）
- 意思形成支援は相談から始まります。どんなに重い知的障害があっても、相談されれば返す力があると信じることが大切です。言葉で意思を伝えることが難しいのであれば、意思表出行動を適切に言語化することです。ストーリーから現在の状況を読み解くためには、過去の記録の参照と家族、成育歴、直近の支援状況など情報の収集が重要となります。（ガイドブック参照箇所 92-98頁　支援現場で必要な意思決定支援）

💡 このことをふまえて、この事例では以下のことを中心に考えてみてください。

▶ 意思形成のために必要な支援に気づく。意思表出のために必要な支援に気づく。支援者に求められる姿勢について考え、やるべきことを整理する。

●個人ワーク

※考えるためのヒントをもとに、掘り下げてみましょう。

●グループワーク

※模造紙やホワイトボード、付箋などを使って意見を出し合いましょう

●振り返り

※グループワークを終えて気づいたことを書き出しましょう

⑧グループホームから一時的に精神科入院したFさん
(計画作成・環境へのアプローチ)

　28歳のFさん（男性）は、脳性麻痺と軽度の知的障害があります。就労系のサービスを利用し、工賃と年金を得てグループホームで生活していました。しかし、支援や関わり方の食い違いからグループホーム職員との関係性が次第に悪化し、頻繁な口論や、職員への暴言や粗暴に発展することがありました。事業所からは精神科への一時的な入院を勧められ、Fさんも一時的であればということで了承し、入院しました。

　しかし、グループホームの管理者とサービス管理責任者はFさんの退院後の受け入れを拒否する方針で固めてしまいました。理由は、職員への暴言と粗暴による契約解除条項に触れているからということです。Fさんの相談員にその意向を伝え、Fさんとその家族に他の入所施設を勧めました。Fさんは当然、退院後は住み慣れたグループホームに帰るつもりです。

演習課題	あなたがグループホームを運営する事業所の職員なら、この状況に対してどのように対応しますか。

【考えるためのヒント】

● 知的障害のある人の支援では、しばし医学モデル的な考えに陥りやすく、できない部分のみに焦点がおかれ、環境や支援方法の是正に意識が向きづらいことがあります。本人の強みを活かすこと、"変わるべきは社会側である"という意識を持つことで医学モデルへの偏重を防ぐことができます。(　ガイドブック参照箇所　62-64頁　計画作成と意思決定支援)

● 知的障害のある人の支援では、年数を経過するごとに障害特性や個性を尊重することを怠り、事業所内ルール等の順守に意識が強く向いてしまうことがあります。支援技術等も含めてですが、改めて本人の障害特性や特徴を見つめなおし、環境へのアプローチを考えることが大切です。(　ガイドブック参照箇所　111-114頁　行動障害のある人への意思決定支援)

●個人ワーク

※考えるためのヒントをもとに、掘り下げてみましょう。

●グループワーク

※模造紙やホワイトボード、付箋などを使って意見を出し合いましょう

●振り返り

※グループワークを終えて気づいたことを書き出しましょう

⑨ グループホームで生活するKさん
（ジレンマ、リスク管理と安全性）

　Kさんは、21歳の男性です。2歳で父母が離婚し、10歳の時に自閉スペクトラム症と診断を受け、特別支援学級に移りました。12歳で児童発達支援施設に入所し、16歳より特別支援学校高等部に通い、卒業後はグループホームで生活しています。日中は就労継続支援A型事業所に通い、クリーニングの仕事に就き、職場は休みがちになることもありますが、どうにか続けています。休日、余暇時間は自由に自転車で外出し、買い物をしたりしています。

　Kさんは、災害・遭難時の救援ボランティアや電気系統等に興味・関心があります。トランシーバーを何台も購入し、電気・アウトドア等のカタログを収集、救助用ロープや電気コードドラムを何台も買うなど、部屋の押し入れは一杯です。

> **演習課題** ▶ 部屋の押し入れは、取り返しのつかないほどではありませんが、どこまで本人の意思を尊重し、どこから管理するのか、支援職員のあなたならどう対応しますか。

【考えるためのヒント】

- 物品の所持管理が、本人と支援員の関係性で決められるとするならば、支援者の能力や個別性に大きく影響を受けてしまうことになります。複数の支援者が関わることで、支援の偏りを平準化し、本人が納得できる結論に近づくことができます。（📖 ガイドブック参照箇所 ☞ 99-107頁　意思決定支援におけるジレンマ（リスク管理と安全性））

- 支援の現場では様々な事情により、支援に制限が生じることがあります。事例は物品の所持管理の問題ですが、本人の意思決定を尊重する立場からは、できる限り、本人に決定してもらう姿勢が求められます。（📖 ガイドブック参照箇所 ☞ 99-107頁　意思決定支援におけるジレンマ（リスク管理と安全性））

💡 **このことをふまえて、この事例では以下のことを中心に考えてみてください。**

▶ チームアプローチを重視する。どこまで本人の意思を尊重し、どこから管理するのか、日ごろからチームで十分に話し合い「ここまでは本人の意思を尊重できる」という程度のラインを共有しておくことが大切。本人と支援者で意思決定に向けた合意を形成していく実践過程を意識して考える。

● 個人ワーク

※考えるためのヒントをもとに、掘り下げてみましょう。

● グループワーク

※模造紙やホワイトボード、付箋などを使って意見を出し合いましょう

● 振り返り

※グループワークを終えて気づいたことを書き出しましょう

⑩障害者支援施設で暮らすYさん
（ジレンマ、説得的コミュニケーション・リスクコミュニケーション）

　Yさんは40代で大柄な女性です。短い言葉であれば指示や言葉を理解することができますが、発語は無く、ジェスチャーや他人の手を引っ張るなどで意思を表現することがあります。イライラや不満などの気持ちは自傷などの行為で表現してしまいます。

　特別支援学校卒業後、生活介護事業所に通い始めましたが、こだわりを容認してもらい好きなように過ごせる時は良いものの、意に添わないことをしなければならない時などは自傷行為が頻繁にみられます。過食で体重が増え100kgを超え、糖尿病を発症しました。母も病弱であり、本人と母親の心身の健康の改善のため、障害者支援施設へ入所しました。

　Yさんは家に帰りたい気持ちが強く、基本的に毎週土日は帰宅しています。しかし、母だけでYさんをみることは困難な状況で、父がいない時などは帰宅ができないことがあります。また、帰宅時にYさんの機嫌をとるために菓子などを大量に与えてしまうため、帰宅の度に体重増加や下痢などがみられます。入所当初は施設での生活を拒否して冒頭の行動障害が多発していましたが、週末は帰宅できるという見通しを持つことにより、施設で作業や散歩に落ち着いて参加し、支援者と良好な関係を築き安定した生活を送れるようになりました。

　しかし、母の体調が悪化し、近所との人間関係のトラブルなどでうつ傾向となったことで、Yさんは帰宅できないことが多くなりました。それに伴ってYさんの自傷やこだわりがよりいっそう強くなっていきました。

> **演習課題** ▶ 今後どのようにYさんの意思決定支援を進めていけば良いでしょうか。

【考えるためのヒント】

- どこまで本人の意思を尊重し、どこから管理するのか。意思決定支援の究極のジレンマは「リスク管理と安全性」です。ジレンマを認識したうえで、ここまでは本人の意思を尊重できるというラインを利用者、家族、支援者で共有することが大切です。（ガイドブック参照箇所 99-107頁 意思決定支援におけるジレンマ(リスク管理と安全性)）
- 意思決定支援とは、利用者と支援者（あるいは家族）との二者間における、利用者のニーズと支援者の支援可能性とをコミュニケーションを通じて交換し、両者で意思決定に向けた合意を形成していく実践過程です。（ガイドブック参照箇所 138-139頁 意思決定支援の方法）

> 💡 このことをふまえて、この事例では以下のことを留意して考えてみてください。

⇨ 「パターナリズム」「説得的コミュニケーション」「リスクコミュニケーション」等に陥りやすいことに気づく、本人の意思を中心に考え、支援者、家族、関係機関が協力し、できる限り実現の可能性を考える。

●個人ワーク

※考えるためのヒントをもとに、掘り下げてみましょう。

●グループワーク

※模造紙やホワイトボード、付箋などを使って意見を出し合いましょう

●振り返り

※グループワークを終えて気づいたことを書き出しましょう

（2）対応例

＊これはあくまで参考例なので、他の対応も含めて幅広く話し合ってみてください。

> **☞エピソード事例①** 生活介護事業所を利用するAさん
> （日常生活における意思決定支援、意思決定支援における
> ジレンマ）
>
> - Aさんの思いを重視して一人で外出を認めると、行方がわからなくなるリスクがあり、ジレンマが生じます。職員の立場では、リスク回避のための「説得的コミュニケーション」、「リスクコミュニケーション」が繰り返されます。
>
> - この場合、あなた一人で決めないで、同じ職場（部署）の同僚と話し合い、Aさんの思いを重視しながら予想されるリスクをなるべく減らすようなアイデアについて意見交換をすることが大事です。
>
> - また、Aさんのレクリエーションプログラムと他のメンバーのプログラムを別にして、Aさんのプログラムの付き添い者を検討してみることも大事です。付き添い者は、職員がいつもよいとは限りません。もし、事業所がボランティアを受け入れているなら、Aさんのことを知っていて、同じような趣味（鉄道会社の駅スタンプラリー企画はたいてい有名なキャラクターが多いので興味関心の高い人も多いはず）を楽しめる付き添いボランティアにお願いすることも大事です。

> **☞エピソード事例②** 重度の障害があり生活介護事業所を利用するM子さん
> （意思決定の主体、意思形成、情報提供と体験）
>
> - この事例では、「本当に散歩に行きたかったのだろうか？」という疑問から様子を見ようとしたY職員の気づきから、外に出ようとするM子さんの行動は「散歩に行きたい」という意思であることが確認されました。
>
> - Y職員がM子さんと一緒に外に出て歩くことを続けたことにより、外出しようとする意思をM子さんが態度で伝えることができるようになったことが確認できたことになります。意思形成支援と意思表出支援は相互の関係にあります。
>
> - 継続して取り組むことにより変容する本人の表情や態度などを本人からの発信と捉えることにより、本人の意思の理解につながります。また、反応を表現する方法を知る（発見する）ことにより、本人の意思のくみ取りの精度を上げることができます。
>
> - このような"気づき"や"発見"のためには、すぐに結果を求めようとするのではなく、丁寧に時間や期間をかけて、判断のタイミングを"待つ"ことも必要です。
>
> - そのためには、本人と支援者との関係を良いものとし、一人ひとりに合った分かりやすい情報の提供を工夫し、実際に体験や経験を通して、本人が選択し判断する力を積み重ねていくことが求められます。

エピソード事例③　重複障害があり生活介護事業所を利用するDさん
（ストレングス、支援者の受信力）

- Dさんのような重度重複障害があり、意思疎通が難しいと思われる方が物事の選択や決定をするためには、Dさんが発する様々な情報をしっかりつかむ支援者側の姿勢が重要です。

- 日頃の意思疎通の取り方やアセスメントの情報をY事業所の職員がどのように把握しているかがポイントとなります。エピソードの中から、次の点に留意して意思決定を支援するポイントを確認してください。

  ①Dさんの意思疎通の取り方

  ②Dさんのストレングスと思われる点

  ③Dさんの家族の状況・過去に体験したこと

- その上で、Dさんに日帰り旅行の企画を選んでもらうため、職員が配慮・工夫すべき点を考えて下さい。

- Dさんが選択したと思われることを最終判断する過程では、担当者が一人で決めるのではなく、複数の職員がDさんとの関わりから合議で確認することが大事です。

エピソード事例④　就労継続支援B型事業所を利用するSさん
（意思決定支援と個別支援計画）

- この事例では、単なる母親とSさんとの意思の相違ではなく、お互いを思いやる心が背景にあります。したがって、お互いが実情をよく知り理解しあうことが大切です。また、Sさんが板挟みとなって辛い思いをしないような配慮が必要です。

- そのためのアプローチとしては、例えば、母親にも了承を得た上で、あえて毎日うどん屋の仕事をしてもらって振り返りを行ったり、逆に、毎日の作業を100%Sさんに任せて決定してもらい、どちらにするかを見守ったりすること等が考えられます。

- また、Sさんのうどん屋での様子だけでなく、施設外就労での作業の様子を、実際に母親に見てもらう場面設定を行うことなども考えられます。個別支援計画の会議の場面では本音が言いにくいのであれば、母親を入れた他の場面設定をして本音を引き出すことも有効です。

- 大切なことは、決定に白黒をつけることではなく、納得できることです。そのためには、「体験」が非常に重要になります。それは、Sさんだけではなく、母親にとっても自分とSさんとの関係性を見つめ直す良い機会になるでしょう。

I　はじめに

II　本書を活用するには

III　意思決定支援のためのグループワークのすすめ方

IV　やってみよう！意思決定支援グループワーク！

V　意思決定支援に関するセルフチェックリスト

エピソード事例⑤ 障害者支援施設での外出場面（遊園地）にて
（支援者の姿勢、ジレンマ）

- 遊園地のスタッフの話を利用者も支援者も一緒に聞いてみましょう。その上で、どうしようか相談してみましょう。
- 利用者の希望や質問を遊園地のスタッフに分かりやすく伝え、その答えを待ちましょう。
- その乗り物に乗った際のリスクとリスクの頻度を確認しましょう。
- 支援者と利用者でリスクの大きさとその頻度、リスクに対して対応できるのかを話し合います。遊園地のスタッフにも再度、リスクが発生したときに、遊園地として何を手伝ってくれるのかも確認します。
- すべての情報が確認できたところで、利用者が判断できるよう支援し、結論を導き出しましょう。
- 利用者の導き出した答えを尊重し、行動しましょう。支援者は、利用者が判断しやすいよう、分かりやすく情報を整理し、伝えましょう。
- 複数の利用者がいる場合、それぞれの意見を尊重しつつ、その間のジレンマも経験しつつ、結論へと導きましょう。
- 支援者が答えを先に言わないように、気をつけましょう。

エピソード事例⑥ 入所施設からグループホームへの移行を考えるEさん
（アセスメント、支援者の姿勢）

- 本人は"グループホーム"という言葉に悪いイメージを持っている可能性があります。写真や動画による説明、似たような施設の見学等、本人にとって分かりやすく、イメージしやすい情報提供が必要です。
- 母親はたくさんの思いを抱えているはずです。施設に言えなかった思いがあるかもしれません。意思決定の場面にだけ協力をお願いするのではなく、母親に対して丁寧な意思決定（形成）支援をしていくことも必要です。
- 言葉で上手に自分の事を表現できないと、課題とされる行動ばかりに向かい、他者評価だけでなく自己評価も低下している可能性があります。課題ではなく強みに着目して支援・計画できるように、地域で生活していた頃のエピソードや当時の夢や希望も含め、相談支援専門員として改めてアセスメントしてみるのも良いかもしれません。
- 以前の失敗がクローズアップされて進まない場合は、過去の体験状況の課題分析を施設の職員と一緒に行い、本人の"困り感"がどこにあったか考えてみることも重要かもしれません。将来に向けてのチーム作りの第一歩にもなります。また、以前のグループホームと今回のグループホームは違います。適切な配慮事項を支援に新たに組み込んだ上で、"経験的意思形成支援"を将来の意思決定のためにしていくことも大切にしましょう。
- 意思の言語化はなかなかできなくても、行動として日々の生活の中で意思・思いを表現しているはずです。行動化された思いを"意思のかけら"として集めて適切に言語化し、周囲に伝えていくことも大事にしましょう。

エピソード事例⑦　障害者支援施設で暮らすHさん－お誕生日会の計画－
（情報提供と体験）

● 誕生日会は過去に経験のある恒例のイベントです。昨年、一昨年の同じような時期のHさんの行動についてケース記録を参照することで、今年の誕生日会の支援のヒントがあるかもしれません。

● 誕生日会の詳細は、支援者がしたい誕生日会ではなく、本人がしたい誕生日会のかたちを支援者が探り出し、応援できることが重要です。よくある誕生日会のかたちにとらわれることなくHさんの今まで歩んできた人生（年齢、性別、家族関係等）を振り返りながら、贈って欲しいプレゼント、食べたいメニューなどを豊かな想像力を駆使して相談していく必要があります。

● Hさんが、プレゼント等を選択していくときの伝達手段、コミュニケーションツールは何かを明確にし、活用していく必要があります。写真カード、絵カード、○×カード、表情カード等視覚的なツールはもちろんですが、口頭で話しかけた時の表情や視線の動き、身体の緊張や弛緩などにも十分な注意を払い、意思の在りどころを観察し、推測することが重要です。

● いったん決定した意思であっても、時の経過とともに変化する場合があることや決める時に支援者側の意思が強く反映してしまったという可能性も含めて、その後の行動観察や複数の支援者による相談が必要です。

エピソード事例⑧　グループホームから一時的に精神科入院したFさん
（計画作成・環境へのアプローチ）

● 職員の思い込みによるFさん像から、情報の掲示や伝達、些細な言葉がけに至るまで間違った関わりをしていたかもしれません。これまでの生育歴や支援経過、対応の結果等、過去を振り返り、職員側に非はなかったかを検証することはとても大切です。

● 脳性麻痺と知的障害のあるFさんの障害特性をしっかりと把握していたか、改めて確認する必要があります。単に身体を動かしづらいだけではなく、Fさんの視野の範囲や見え方、音声の聞こえ方等、未だ気づいていない特徴や不自由さがあるかもしれません。

● その上で必要であれば物理的な環境を再度構築することも必要でしょう。また支援技術やFさんへの関わりのエチケットを整理し、事業所の枠を超えたチームでそれらを共有することも大切です。

● 上記のように相談員、サービス管理責任者等による再アセスメントやケース検討をしっかりと行い、本人を交えたサービス調整会議でサービス等利用計画や個別支援計画の見直しを行うことで、関係者やチームのFさんへの共通理解を促進させることはとても重要です。

エピソード事例⑨ グループホームで生活するKさん
(ジレンマ、リスク管理と安全性)

- この事例はグループホーム内での物品の所持管理ですが、家や入所施設等でも漫画本や雑誌、CD等々の収集例はあるかと思います。環境条件の違いからいろいろな対応方法が考えられますので幅広く話し合ってみてください。

- Kさんの思いを尊重して、このまま見守り続けると物で一杯になっていくことが予想されます。支援者側は、「これだけ物があるのだからもうこれ以上購入する必要はないのでないか」と、説得的コミュニケーションを繰り返しがちです。

- Kさんに対して支援者がひとりで対応するのではなく、Kさんを交えてチームで話し合い、Kさんの意向を十分に聞き整理することや、本人の意向に対する適切な情報提供がされるミーティングの場を作っていくことも大事です。

- また、この場で本人から日々の振り返りや生活で困っていること、応援してもらいたいことなどを話していただき、本人が意思決定をする場とするとともに、意思決定後に支援者がフォローする場としていくことも大事です。

- Kさんの興味関心の高い災害時の救援ボランティア活動については、本人は救援に入りたい意向がありますので、体験できるように関係調整を図って救援ボランティアを支援者も一緒に経験する取り組みも大事です。

エピソード事例⑩ 障害者支援施設で暮らすYさん
(ジレンマ、説得的コミュニケーション・リスクコミュニケーション)

- これまでのYさんの状況から家に帰りたい意思があるのは明白です。一方で、Yさんの意思実現のためには、母の心身の状態回復が求められます。

- 地域の相談支援機関と連携しながら施設の職員が母との面談や書面でのやり取りを重ねて、母の気持ちを支えるように努めてみましょう。

- 施設の既存のサービス内容にこだわらず、父の仕事の都合に合わせて個別送迎する、もしくは日帰り帰宅するなどの配慮ができると良いでしょう。

- 帰宅できない週末に施設での生活を体験する中で、Yさんが安心して楽しく過ごせるように努め、Yさんができる限り主体的に意思形成できるように支援しましょう。

2.ロールプレイ

ロールプレイには、ある程度の結論や終結を設定し、そこに収束してくようにシナリオを用意するものと、場面設定や役割、それらの背景についてはしっかりと準備しますが、結論や終結の流れは設定せず、参加者に組み立ては預ける（任せる）ものがあります。

ここでは、「モデルロールプレイ」として前者のシナリオを、「実践ロールプレイ」として後者のシナリオを掲載していますので、状況に合わせて活用してください。

また、慣れてきたらご自身でシナリオを作って実践してみましょう。新たな発見や広がりを感じることができるかもしれません。

（1）モデルロールプレイ

ここではあらかじめ結論を設定したシナリオを用いたモデルロールプレイの進め方について確認します。

決められたセリフでシナリオに沿って代表者が「ある場面」を演じます。グループワークの参加者は、それを観察します。実際の研修場面では、研修主催者等の研修主旨をしっかりと理解した者が代表者（演者）となることで、学習効果を更に高めることができます。シナリオのセリフは、皆さんが居住する地方の方言を織り交ぜることで、さらに盛り上がることもあります。

①設定とシナリオ（例）

＜登場人物＞

 山田さん（45歳女性、知的障害あり）

一般企業に勤めており、1ヶ月の給料は8万円程度、障害基礎年金は2級を受給しています。1年前に父親を亡くし、現在はグループホームを利用しており、母親のいる実家に月に1度帰省しています。

 田中職員（31歳男性、山田さんの暮らすグループホームの支援員）

（42歳女性、山田さんの暮らすグループホームの支援員）

プロローグ

先月、山田さんの姪の梨奈さんが大学に合格したことで、合格祝いを渡したいと思っており、次月の金銭計画の作成にあたり、支援員の田中（仮名、31歳男性）に相談に来ました。

＜場面1＞グループホームの宿直室兼相談室にて

・次月の金銭計画を作成する時期になり、山田さんと田中職員とで話し合いをしている。

田中職員：「じゃあ、来月の金銭計画を考えましょう」

山田さん：「田中さん聞いて聞いて。姪っ子の梨奈ちゃん(仮名)が大学に合格したのよ!それで、合格祝いをあげたいんだけど」

田中職員：「それはおめでとうございます。じゃあ、金銭計画に入れてやってみましょうか。いくらぐらい渡したいんですか?」

山田さん：「そうやねえ。2万円にしようと思うんよね」

田中職員：「2万円ですか!それは、ちょっと多すぎなんじゃないですかねえ。毎月の収支もかなり厳しいですし…」

山田さん：「でも、私もいい年やし、それくらいしないと恥ずかしいやん!」

田中職員：「いやいや、そんなことはないと思いますよ。来月は職場の送別会も予定されているでしょう?かなり厳しいと思いますけどねえ。1万円くらいで十分だと思いますけどねえ」

山田さん：「そうかねえ?おかしくないかねえ?」

田中職員：「おかしくはありませんよ。無理なくできる金額でやれば良いと思いますよ。姪っ子さんも喜んでくれると思いますよ」

山田さん：「そうかねえ…。うん、じゃあそれでいいよ」

＜場面2＞グループホームのリビングにて

・翌日、鈴木職員(仮名、42歳女性)が遅出で出勤しているときに、山田さんが話しかけてきた。

山田さん：「ねえ鈴木さん。今度、姪っ子の梨奈ちゃんが大学に合格したんやけど、昨日、田中さんと相談したら合格祝いは1万円でいいって言うんよね。でも、私は2万円くらいしないと恥ずかしいと思うんよねえ。どう思う?」

鈴木職員：「ああ。その計画は私も見たけど、梨奈ちゃんって、小さい頃は山田さんの家に一緒に住んでたあの子よね?もうそんなに大きくなったんですか?早いねえ」

山田さん：「そうなんよ〜。あの子は本当に頑張り屋さんで、○○大学に一発合格したんよ。もう我が子のように嬉しくって。私は他に親類もいないし、できるだけしてあげたいのよねえ」

鈴木職員：「そうかあ。別に1万円でも恥ずかしがるようなことはないと思うけど、山田さんは2万円くらいしてあげたいって思ってるんやね。じゃあ、職員の間でも少し話し合ってみるから、また改めて、話をしましょうね」

＜場面3＞グループホームセンターの職員室にて

・翌日、鈴木職員と田中職員が同じ勤務になったので、鈴木職員から話しかける。

鈴木職員：「田中さん、山田さんの姪っ子さんの合格祝いの件だけど。昨日ね、山田さんからもう少ししてあげたいって相談があったのよ」

田中職員：「ああ、記録読みました。僕と話し合ったときには納得してくれてたと思っていたんですけどね。そういう見栄みたいなものが強いんですかねえ」

鈴木職員：「うーん、見栄っていうことだけじゃないと思うんだよねえ。山田さんの家は元々は北海道で、訳あって山田さん一家だけで九州に来たからさ、姪の梨奈さんの家が唯一って言って良いほどの親類なのよ。小さい頃は同居もしてたから、子どものいない山田さんにとっては、特別な思いがあるんじゃないかなあ」

田中職員：「そうなんですね。そういえば鈴木さんは、通所施設に配属されていたころに山田さんと一緒だったんでしたっけ」

鈴木職員：「そうなんよ。あの頃、とってもかわいがっていたことを思い出して、あの時の子がもう大学生だなんて、私も年をとるはずよね」

田中職員：「わかりました。でも、山田さんの月々の収支が厳しいのは鈴木さんも知っての通りですので、その辺のことも十分に説明した上で、もう一度、山田さんに考えてもらいましょう」

＜場面4＞グループホームの宿直室兼相談室にて

・数日後、山田さん、田中職員、鈴木職員の3人で話し合いのテーブルにつく。

田中職員：「先日、来月の金銭計画について話し合いましたけど、姪っ子さんの合格祝いの件で、山田さんがもっとしてあげたいというお気持ちを持っていると伺ったので、もう一度、状況を確認しながら決めたいと思って、鈴木職員にも同席してもらって検討したいと思いますけど、良いですか?」

山田さん：「いいよ。ありがとうね」

田中職員：「山田さんの姪っ子さんへのお気持ちはわかりました。ただ、ここ数ヶ月の山田さんの月々の収支はこの通り(金銭管理表を見せる)で、送別会もあるからさらに厳しいというのは、この間、説明した通りです。どうしますか?」

山田さん：「そうやねえ。会社の人にはお世話になってるから、送別会にも行きたいしねえ。困ったねえ」

田中職員：「もちろん、ある程度は貯金があるから、そこから出すということはできますけど、山田さんは将来的にはグループホームを出て一人暮らしをしたいという目標がありますし、何より、一人暮らしだと今よりもさらに家賃が増える分、厳しくなりますからね」

山田さん：「そうよねえ」

鈴木職員：「月々の支出の中で、何か、見直せるものはないの?」

田中職員：「そうですねえ。山田さん、会社に行っている日の昼ごはんですけど、会社に社員食堂があるのに、いつも自分の好きな弁当を買って行ってますよね。それをやめれば、かなりの節約になりますよ」

山田さん：「あ〜。(しばらく考えて)そうやね。いや、うちの会社の社員食堂は安いけど、メニューは決まった日替わりやけね。時々、嫌いなメニューがあるんよ。でも、嫌いなやつのときは3日前までなら断れるけ、そうしようかね。断るのに気を遣うし面倒やったけ、弁当にしよったけどね」

田中職員：「そうですね。それで、200円くらいは節約できるので、月に3〜4千円くらいにはなりますよ。それならかなり余裕が出てくるかな」

山田さん：「じゃあ、梨奈ちゃんの合格祝いは、2万円してもいい?」

田中職員：「いいですよ。」

山田さん：「良かった〜。」

田中職員：「今回は、山田さんのお気持ちを十分に汲み取れなくて、すみませんでした。これからも色々あると思いますけど、こうやってみんなで考えれば良い考えが出ると思いますので、これからも遠慮なく本当の気持ちを話してくださいね」

山田さん：「うん。そうする。ありがとうね」

②振り返り

今回は、あらかじめ結論を設定したシナリオをロールプレイしました。それぞれの役割を観察して感じたことの振り返りを行いましょう。

<ポイント>
・「説得的コミュニケーション」と「リスクコミュニケーション」の違いを感じる。
・自分の気持ちと違うように説得されたときの山田さんの気持ちを感じる。

・山田さんのために良かれと思って説得したときの田中職員の気持ちを感じる。

・田中職員の知らない情報をもって山田さんの話を聞いた鈴木職員の立場と調整のやり方を体験する。

・ジレンマを乗り越える工夫として、二者択一ではない意思決定の方法を探すことを体験する。

・意思決定支援では常に「リスク管理と安全性のジレンマ」が課題になります（■ガイドブック参照箇所　P102-105頁）。ロールプレイの設定を色々と変更してみることで、さらに深く検討することもできます。

　（例）・山田さんが合格祝いを「5万円」と主張していたらどうだったか。

　　　　・姪の梨奈さんとそこまで深い間柄ではなかった場合はどうだったか。

　　　　・田中職員の性格が頑なで「1万円以上するのはおかしい」という考えを譲らなかったらどうだったか。

③発表

　各グループで振り返った内容を発表します。

　自グループのみの振り返りだけではなく、他グループの感想や意見を聴くことで更に理解を深めます。

（2）実践ロールプレイ

　ここでは、研修参加者全員が演者になって参加する「実践ロールプレイ」の進め方について確認します。参加者が主体的にロールプレイに参加し疑似体験ができるので、実際の支援現場を想定したスキルアップが期待できます。

　シナリオは、場面と状況、演じる役の人物設定の詳細を説明までにとどめ、セリフ等は参加者に任せています。

シナリオ1「パターナリズムと意思決定支援（1）」

ファシリテーターが相談員の役となって参加しながら進行するシナリオです。

①設定とシナリオ（例）

プロローグ

　入所施設から就労継続支援B型事業所に通うDさんは、午前の作業後に甘い缶コーヒーを1本、昼食後に1本、午後の作業終了後に1本飲むことを至福の時として日々を過ごしていました。しかしDさんの入所する入所施設の看護師はそのことを知らず、最近になってその状況を知ることになります。

<場面設定>
　場面はDさんのモニタリング会議。Dさんの健康状態を心配した看護師が「Dさんのためを思うのであれば甘い缶コーヒーは無し、お茶や水で対応するべき」と提案。その提案に対して会議出席者が様々な議論を交わしていく。

<登場人物>

Dさん（40歳男性、知的障害あり）
ずっと下を向いて黙っている。しかし、心の中では今まで通り甘い缶コーヒーを絶対に飲みたいと思っている。全体の意見や考え、方針を聴き最終的に意思表明する。

Jさん（入所施設のサービス管理責任者）
Dさんのキーパーソン。一方的に支援者が方針を決めるのではなく、Dさんの意思を尊重し、Dさん自身が方針を決める事ができるように支援することが大切であると強く感じている。

Pさん（就労継続支援B型事業所のサービス管理責任者）
日中のサービス管理責任者でありDさんの健康状態にはあまり気が回っていなかった。看護師と入所施設サービス管理責任者の両方の考えを聴き自分の考えを形成し発言する。

Nさん（看護師）
相談員に開始から意見を求められます。状況を説明し、「本人の為を思うのなら缶コーヒーは飲ませない。お茶か水で代用」と主張し、この考えは絶対に曲げない覚悟でいる。悪気はなく純粋にDさんを心配している。

Rさん（相談員）※ファシリテーターが行います
それぞれの意見を引き出します。終盤にはそれぞれの意見をまとめ、支援方針を提案、会議の収束を図ります。

※ファシリテーターは上記の役割設定を他の方々には分らぬよう、それぞれに説明してください。
※ファシリテーターはそれぞれの役割設定を理解し、司会としてロールプレイを円滑に進めます。
※ファシリテーターは事前に役割説明の方法、会議の収束の仕方、会議、振り返り、発表の時間配分等、ロールプレイの準備を十分に行ってください。

②振り返り

　今回のロールプレイが今後の支援に活かされるよう、振り返りを行います。

　円滑にグループワークを進めるため、まずは個別ワークで以下の項目を振り返り、その後グループワークでグループとしてのシートを作成するといった方法も参考にしてください。

> ＜ポイント＞
> ・意思形成、意思表出支援の考えや意見、提案はできたか
> ・役割を演じて感じたこと
> ・Dさんに対して意思決定支援はできたか
> ・様々な立場の考えや意見を尊重できたか
> ・会議を行ってみた全体の感想　　　　　　　　　　　　等々

③発表

　各グループで振り返った内容を発表します。

　自グループのみの振り返りだけではなく、他グループの感想や意見を聴くことで更に理解を深めます。

④その他

　モニタリング会議後からDさんのその後について、「エピローグ（例）」として掲示しても良いでしょう。理想的な意思決定支援をモデルとしたDさんのその後を事前に作成しておき、最後のまとめとして「エピローグ（例）」として掲示することで、更に意思決定支援の理解を深めることができます。

※このシナリオはこのまま使用することもできますが、事例概要や場面設定、配役の背景等を
　さらに掘り下げて行うことも可能です。
　例：Dさんの生育歴や健康状態の数値等を記述
　　　：登場人物の職歴や実績の詳細を記述
　　　：振り返り項目の変更や付け足し
　様々な工夫を凝らし、リアリティーあるロールプレイとして活用してください。

シナリオ2「パターナリズムと意思決定支援（2）」

　参加者全員がすべての役を経験するロールプレイのシナリオです。ロールプレイの参加者とは別にファシリテーターを置きます。

　3人で1グループとし、3交代で3つの役割を全員ができるようにします。一回のロールプレイを5分に設定。3回で15分〜20分の想定です。（時間設定は例であり柔軟に変えてください。）

①設定とシナリオ（例）

プロローグ

　入所施設に暮らす自閉スペクトラム症のKさんは自分の食事にしょうゆ等の調味料を掛けることを絶対に許さないこだわりを持っています。ある時、支援員Aは「目玉焼きにしょうゆを掛けるのは普通。その方が美味しいに決まっている」と言ってKさんに配膳された目玉焼きにしょうゆを掛けてしまいます。

＜場面設定＞

　場面は入所施設の食堂（朝食時）。利用者Kさんの特性に配慮せず、支援員Aは良かれと思って自分の価値観を押し付けてしまいます。利用者Kさんはいつもなら完食する朝食を、この日は全く手を付けず片づけてしまいます。その一部始終を見ていたサービス管理責任者Bは支援員Aに話しかけます。

＜登場人物＞

Bさん（サービス管理責任者）
Kさんの特性は十分に理解しており、また意思決定支援の重要性も理解している。支援員Aに対して適切なアドバイスを行うことで支援員Aの今後の支援の質を上げたいと強く感じている。

Aさん（入所施設の支援員）
悪気は全くなく「良かれ」と思って自分の価値観を利用者に押し付けてしまう。そのことに気づくことなくこれまで支援してきてしまった。非常に頑固であるが納得できれば考えを変えることもできる。

観察者
笑ったり頷いたりせず、二人のロールプレイを客観的に観察し、気づいたことを記録する。振り返りで記述した記録を活かしてください。

※ファシリテーターは上記の役割設定を、それぞれに説明してください。

※リアリティーが持てるよう支援員Aの性格、演出に工夫を凝らしてください（持論を押し通す、何かと反論する等）。

②振り返り

今回のロールプレイが今後の支援に活かされるよう、振り返りを行います。

円滑にグループワークを進めるため、まずは個別ワークで以下の項目を振り返り、その後グループワークでグループとしてのシートを作成。といった方法も参考にしてください。

<ポイント>
・サービス管理責任者Bは意思形成、意思表出支援の考えや意見、提案ができたか
・支援員Aは納得できたか
・役割を演じて感じたこと
・次につながる話し合いができたか　　　　　　　　　　　　　等々

③発表

各グループで振り返った内容を発表します。

自グループのみの振り返りだけではなく、他グループの感想や意見を聴くことで更に理解を深めます。

④その他

二人の話し合いからKさんと支援員Aのその後について「エピローグ（例）」として掲示しても良いでしょう。理想的な意思決定支援をモデルとしたKさんと支援員Aのその後を事前に作成しておき、最後のまとめとして「エピローグ（例）」として掲示することで、更に意思決定支援の理解を深めることができます。

※このシナリオはこのまま使用することもできますが、事例概要や場面設定、配役の背景等をさらに掘り下げて行うことも可能です。

例：Kさんの生育歴や特性を更に掘り下げる
　　：登場人物の職歴や実績の詳細を記述
　　：振り返り項目の変更、付け足し
様々な工夫を凝らし、リアリティーあるロールプレイとして活用してください。

V

意思決定支援に関する
セルフチェックリスト

V 意思決定支援に関する セルフチェックリスト

このセルフチェックリストは、知的障害者の支援現場で意思決定支援の取り組みを行う際に大切な視点を示したものです。本書による演習の前に、あるいは演習後の振り返りの際に以下に掲げられた項目についてセルフチェックを行い、意思決定支援の理解度や取り組みの深まりについて確認してみて下さい。このセルフチェックは繰り返し行われることが期待されます。

A 原則の確認

1 支援の過程で本人の意思や選好が優先されていますか？
（※本人以外の他者の意見や考えが優先されていませんか？）

2 計画作成過程に本人が参画していますか？

3 各種計画（個別支援計画、サービス等利用計画など）に本人の意向や選好が反映されていますか？

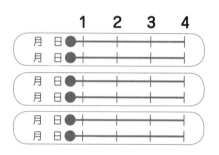

B 支援者の姿勢

1 利用者への語りかけや相談を常にしていますか？

2 「意思受信能力」を高めるように心がけていますか？
（※意思受信能力 ＝ 聴く力、感ずる力、気づく力、共感する力、言語化する力など）

3 利用者の障害特性の理解に努めていますか？

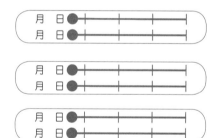

C 本人の意思決定を阻害する要因への対応

1 本人の意思決定支援のためにコミュニケーションのあり方（「説得的コミュニケーション」や「リスクコミュニケーション」に陥らない工夫など）について検討していますか？

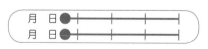

2 パターナリズムに対する問題意識がありますか？　支援や計画作成の過程においてパターナリズムに陥らないように努めていますか？

3 本人の意思決定に伴うリスクへの対応が過度になりすぎることなく適切になされていますか？
（※本人の意思決定に伴うリスクへの対応が重視されることにより、本人の思いや選好が軽視されていませんか？）

4 本人の意向と支援者の価値観が大きく相違する時のジレンマに真摯に向き合っていますか？

D　施設・事業所の姿勢

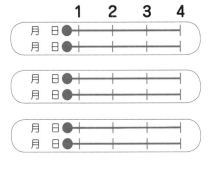

1　施設・事業所全体で意思決定支援に取り組むことが表明されていますか？

2　「意思決定支援ガイドライン」(厚生労働省)が活用されていますか？

3　他職種・他機関に呼びかけるなど、意思決定支援を施設・事業所外の関係者に広める働きかけをしていますか？

E　意思形成支援・意思表出支援

1　意思形成支援

①意思形成支援への取り組みをチームとして行う組織環境が施設・事業所にありますか？

②情報提供の配慮がされていますか？

③経験や体験の機会を作っていますか？

④地域社会との接点を作っていますか？

⑤その他〔　　　　　　　　　　　　　　　　　　　〕

2　意思表出支援

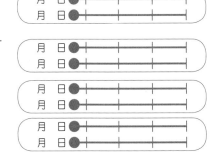

①意思表出支援への取り組みをチームとして行う組織環境がありますか？

②意思表出しやすい支援環境がありますか？

③言葉以外の意思表出への日常的な対応を行っていますか？

④様々なツールを使用していますか？

⑤その他〔　　　　　　　　　　　　　　　　　　　〕

■チェック欄の使い方■
以下の目安に従って、4段階でチェックしてみましょう。

1　できていない(ない・していない)
2　あまりできていない(あまりない・あまりしていない)
3　おおむねできている(おおむねある・おおむねしている)
4　できている(ある・している)

　施設・事業所の事業計画や職員研修計画に意思決定支援が盛り込まれるなど、組織として意思決定支援に取り組む姿勢を明確にすることが、すべての支援者がチームとして意思決定支援に臨める環境作りのベースとなります。

「本書に掲載されているすべての事例は、グループワークの素材とすることを目的にしたフィクションの事例（創作事例）です」

知的障害者の意思決定支援ガイドブック
現場で活かせる意思決定支援

知的障害のある人たちの支援に従事する関係者が意思決定支援を理解するための1冊。
意思決定支援をめぐる現状から現場での対応、支援の過程で遭遇するジレンマやソーシャルワークの実践まで、場面に応じた意思決定支援について事例を交えてわかりやすく解説。

◆目　次
序　章　今こそ求められる意思決定支援
第1章　知的障害者支援の歴史と制度の展開
第2章　障害のある子どもからみた意思決定支援
第3章　意思決定を支援する
第4章　支援現場における意思決定支援
第5章　意思決定支援の共通基盤
終　章　意思決定支援とソーシャルワーク

◆日本知的障害者福祉協会 知的障害者の意思決定支援等に関する委員会 編
◆A5判並製
◆186ページ
◆本体価格1,700円＋税
◆2017年7月刊行

知的障害者の支援者のための意思決定支援ワークブック
「現場で活かせる意思決定支援」のさらなる理解のために

2020年7月1日　初版第1刷発行

編　集　知的障害者の意思決定支援と成年後見制度に関する委員会　編

発行者　公益財団法人日本知的障害者福祉協会

　　　　〒105-0013　東京都港区浜松町2丁目7番19号　KDX浜松町ビル6F

　　　　TEL　03-3438-0466（代表）/　FAX　03-3431-1803

　　　　URL　http://www.aigo.or.jp/

印刷所　株式会社　第一印刷所　東京本部

表紙デザイン　白木原　誠

Printed in Japan

ISBN978-4-902117-69-1
定価は表紙に表示してあります。

令和 **6** 年度版

社会保険
実務の
手引き

適用から 給付内容までを網羅！

健康保険・厚生年金保険の資格、
算定基礎届、保険料から
それぞれの給付の内容までを
総合的に解説しています。
主な届書の記載例もついて、
実務に役立ちます。

令和6年の改正に対応

- 協会けんぽの保険料率は3月分
  （4月納付分）から変更されます。
- 年金額は前年度から2.7％引き上げに。
- 政府の「年収の壁・支援強化パッケージ」が
  実施されています。
- 健康保険証の廃止が決まり、
  マイナンバーカードとの
  一体化が進められています。

令和⑥年度版

社会保険実務の手引き

本書の届書記載例等で使用している氏名・住所・事業所名等は、事例として用いているもので、実在の人物・事業所とは何ら関係ありません。

CONTENTS

☆本冊子に係る記事および本文内容については、令和6年2月現在の取り扱いおよび国会提出法案等をもとに作成したものです。